AF253878

LES PRÉROGATIVES ROYALES;

Par H.-F. JOSSEAUME DUBOURG.

A PARIS,

Chez Anthe. BOUCHER, IMPRIMEUR-LIBRAIRE,
RUE DES BONS-ENFANTS, N°. 34.

M. DCCC. XX.

LES PRÉROGATIVES

ROYALES.

Je célèbre la grandeur royale, les intérêts de la nation française, la Charte monarchique et constitutionnelle, les droits du trône légitime.

Louis XVIII! ô mon Roi! il est temps de publier le principe sacré, les attributs de la puissance suprême; il est temps de relever ce caractère de la majesté; il est temps de prouver que l'hérédité prend son privilége dans le droit divin! Permettez, ô sage législateur, que je développe à ma patrie cette belle pensée : qu'un Roi qui propose d'améliorer le sort de son peuple, de perfectionner les institutions sociales, justifie son acte de la souveraineté!

Le Roi est lié à la patrie, comme la patrie au Roi; un monarque français qui n'a d'autres désirs que ceux de la prospérité nationale, mérite la reconnaissance de ses fidèles sujets.

Tout le monde a entendu les propositions de la couronne, et l'opinion publique éclairée a re-

connu que le trône, la Charte et la religion rendent les hommes heureux.

La Charte répandra bientôt ses aimables bienfaits sur l'état représentatif, et la royauté com-
blera les souhaits de la nation; quelques changements à porter à la loi des élections seront
favorables même à la Charte ; ils écarteront le
désordre, anéantiront les factions. La connais-
sance que la sagesse royale a des lois fonda-
mentales, suffit pour que le peuple reçoive avec
soumission des modifications dans l'intérêt du
Roi, de la société et de l'ordre.

On assure l'action des lois par l'autorité du
prince: un Roi de France tient la balance d'or;
sa personne est inviolable et sacrée; tout réussit
dans une législation où le monarque propose la
loi.

Il faut qu'un gouvernement s'embellisse de la
vertu. Le chef auguste vient vivifier le corps politique; il donne un nouveau charme à sa dynastie, et prépare la félicité publique.

Qui pourrait se dispenser d'un sentiment religieux? qui oserait se soustraire à la prérogative
du droit écrit de nos rois?

Dans le domaine inaliénable du pouvoir légitime, un souverain, inspiré chaque jour par le
ciel, voit ce qui est le plus utile. Les projets
compatibles avec le pacte constitutif entrent
dans les attributions du trône.

Dieu a des lois immuables, mais celles qui régissent les sociétés peuvent éprouver des améliorations ; et sous un gouvernement représentatif, c'est au Roi, père de sujets fidèles, à examiner, avec la chambre des pairs et celle des députés, ce qu'il faut faire pour l'accomplissement de l'œuvre de la Charte.

Un gouvernement sage s'occupe chaque jour d'agrandir la civilisation. Les fruits de l'ordre social mûrissent aux rayons bienfaisants de l'astre royal. La majesté des pouvoirs législatifs fera respecter le trône et l'État; les preuves de la suprématie sont certaines. Personne ne peut actuellement douter de la prérogative royale. Le chef suprême de l'armée a pour lui des troupes fidèles à l'honneur, au devoir, à la gloire; il compte sur un peuple soumis à Dieu, à ses lois, à la constitution et au trône.

Un Roi qui règne par l'ordre céleste rendra sa nation fortunée : la voix du prince est montée vers les cieux; l'Éternel a parlé : « C'est au mo- » narque français à soutenir ses droits; que son » œil vigilant se porte sur tout ce qui peut con- » tribuer à l'ordre; qu'il s'occupe de l'existence » politique et d'améliorer le sort d'une nation » chérie : le pouvoir exécutif appartient au Roi; s'il » confie une portion de son autorité à des ministres » fidèles, il gouverne toujours lui-même. Le bon- » heur se trouve dans l'ordre, ce bel ordre qui

» donne toutes les jouissances sociales et les espé-
» rances de la grâce; cet ordre, ame de l'univers,
» est une perfection de ma sagesse éternelle. Je
» conserve la France; je veux, par son Roi, la
» rendre fortunée. L'ordre moral et religieux
» émane de ma puissance; que ce règne soit
» digne d'un monarque aimé de son peuple; que
» la fidélité augmente comme le bonheur. Dans
» le cours des délibérations, je serai au milieu
» des députés; leur puissance sera solidement
» établie; et le souverain, tranquille possesseur
» du trône de ses ancêtres, deviendra l'arbitre
» des institutions. Ses droits, établis par la nature
» du gouvernement, résultent d'un devoir sacré,
» de l'obéissance nationale.

Sans doute, et c'est une vérité de la Charte,
sans doute que la monarchie héréditaire tire son
principe des libertés politiques, du droit d'hérédité, de la force morale; il faut à la nation un
Roi qui ait le pouvoir de l'Etat, qui console d'une
pénible et affreuse révolution, qui procure l'ordre précieux à sa patrie. Toutes les garanties sont
offertes par l'autorité royale; un peuple plein de
confiance dans la sagesse législative, confondra
son sentiment dans le sentiment du trône.

Les prérogatives royales sont des dons de la
Providence; on gémit de lire des pamphlets où
les citations attestent l'ignorance. La religion,
le devoir et l'honneur, prouvent qu'il faut

chercher la raison dans le principe constituant et dans l'éternelle justice ; la voix du ciel, celle de la patrie, rappellent ces vérités : « que de bonnes » lois rendent le peuple heureux ; que la fermeté » soutient un empire ; que le privilége royal doit » rester dans son éclat. »

Jours heureux, beaux jours de l'opulence, revenez. Le ciel approuve le langage du monarque ; *il a senti que s'il est une amélioration qu'exigent de grands intérêts*, c'est à lui de la proposer. O Louis-le-Desiré ! recevez les hommages de la nation. Vous allez établir l'ordre social sur la Charte, la richesse sur la confiance, la grandeur de votre maison sur le pacte civil. Vous nous promettez la prosperité ; venez, ô Roi très chrétien, donner de la force à la Charte, du respect à la justice, de la splendeur aux lois, de la vénération au culte de Saint-Louis. Publiez cette maxime d'un gouvernement constitutionnel et monarchique : La puissance royale tient son épée de Dieu et de la dynastie légitime !

Les institutions parfaites portent de doux fruits ; c'est l'accord des lois civiles et divines qui met un concert heureux entre le chef et les sujets. Le temps qui donne des leçons d'expérience et de sagesse, le temps qui conduit toute chose à la perfection, le temps sert les gouvernements et règle les actions publiques. Il conseille les Rois et leurs ministres, il répare les erreurs, et fait céder l'inquiétude à la raison.

La politique religieuse offre les lumières, et un Roi qui suit le flambeau de la foi, ne s'égare jamais. La source des vrais biens s'ouvre à la voix suprême. O Charte! dépôt cher et précieux de nos institutions sociales, de nos mœurs publiques, *tu es inséparablement liée aux destinées de la patrie!*....... Tel on voit un jeune arbuste, élevé par les soins de son maître, donner les plus belles espérances; ainsi la Charte accomplie fera naître un espoir charmant.

Par la nature du Gouvernement monarchique, par la Charte même, le Roi a une grande puissance.

Ce digne Roi, cher à la France, veut exécuter un grand acte. Il connaît les moyens de perfectionner son travail. Amour du souverain, tu enflammes un cœur patriotique! O mon Roi! exercez ce pouvoir de la vertu monarchique dans l'intérêt du peuple, dans celui de la couronne; l'amélioration promise nous donne l'assurance de confondre tous les sentiments dans l'amour de la royauté, de la Charte et de la religion.

Les prérogatives du trône sont aussi sacrées que celles du ciel : elles nous garantissent, et la Charte et le droit immortel.

Une nation, formée par la morale chrétienne, remplit avec joie ses devoirs; elle sait que la Providence fonda les éléments sociaux, et qu'un culte spiritualisé par la grâce, rend les sujets heureux. Oui, tu la seras, heureuse, ô ma patrie! ô France! entends les chants de la concorde; les Français sont doux et fidèles!

Conservons les principes et respectons le Roi; aimons la religion, et nous verrons les fruits prospères de la félicité. La confiance et la paix, l'ordre et la religion font fleurir un état.

Nos nouvelles institutions politiques seront l'ouvrage du Roi; elles doivent sauver l'ordre public. Il parle : *c'est pour son peuple, et pour sa famille bien - aimée.* Quel accord dans l'Etat, quand l'ordre s'établit ! Bientôt l'utilité stimulant les hommes, le négoce se fortifiera, la richesse grossira les trésors, la tranquillité fécondera le commerce; la fortune, semblable à la fleur printanière, éclorra pour enchanter les mortels.

Aussitôt les modifications effectuées, le soleil de la justice du Roi échauffera les cœurs, et répandra ses rayons sur la France; l'auteur de tant de miracles politiques mérite nos félicitations. Tel est le pouvoir suprême, qu'il a le secret de la vraie politique; alors que la Charte existe, le sceptre est garanti, et la nation garde avec honneur ses institutions.

Royauté, prérogatives éternelles, Charte, mœurs, religion, vous serez le sujet de mes doux loisirs.

Dieu, l'auteur de toutes choses, a conservé l'ordre universel. Il existe dans l'univers, comme dans un royaume bien civilisé. Quelle harmonie sur cette terre couverte de riches moissons, de fleurs et de ronces ! Cette belle nature fidèle à ses reproductions, constante dans ses actions, nous comble de tous ses biens; et de même, dans l'ordre politique, l'amour du bien général entretient la beauté du corps social, les cœurs s'ouvrent à l'espérance, et le magnifique spectacle de l'union assure le triomphe de la religion et l'accord des sujets et du trône. L'ordre politique, appliqué aux principes de l'art de régner, conserve les lois perfectionnées; c'est dans la Charte que sont les principes civils et religieux; c'est la religion de l'État qui renferme les grandes vertus; c'est l'ordre qui exerce son heureuse influence, et qui concourt au bonheur.

Patrie chère à tous les cœurs! Charte, qui inspirez des devoirs, ramenez la joie et les plaisirs purs !

Cet exercice du droit royal ne cause point d'abus ni d'arbitraire. Ce beau privilége charme par son éclat, ramène par sa modération, soumet aux lois par son autorité, consolide les institutions morales ; et tous les grands avantages de la représentation résultent du pouvoir constitutionnel.

Le monarque, par l'immensité de ses vues, par ses grandes pensées, donnera une direction à la puissance nationale.

Je dois considérer les intérêts de la nation, apprécier tous les éléments du bonheur, développer des principes dont la solution offrira la véritable législation.

La bonté des mœurs tient à la perfection du droit public ; la morale s'améliore comme les lois ; un peuple se renouvelle par la pure civilisation. La meilleure politique est celle qui assure *une durée plus conforme aux intérêts de l'ordre public et à la considération extérieure de l'Etat* (1). C'est à un prince religieux que l'État remet son repos et sa considération ; c'est à la religion que l'Église doit sa perpétuité, le peuple son espérance. Quand la foi éclaire les sociétés, on connaît les bienfaits du Souverain des cieux.

Attachée à la Charte, la France jouira des biens réels ; mais comme, de l'autorité royale sort la raison qui éclaire, les principes bien connus du Roi, de ne tenir que du Ciel, des lois et de

---

(1) Discours du trône.

sa naissance, son diadême, attestent la force du droit sacré. Pourquoi donc des ennemis de l'ordre, par des systèmes dont on reconnaît les funestes conséquences, osent-ils rejeter ce qui porte au bonheur commun? C'est que le désordre cherche toujours à mépriser ce qui alimente le droit civil.

Un roi législateur arrête tous les maux publics. C'est aux hommes qui tiennent à la société, à la fortune, et à l'aimable religion, à éclairer leurs familles sur les malheurs particuliers. L'avenir se présente avec le lis et l'immortelle. Cherchons dans l'harmonie la légitime félicité. Fuyons et les factions et les débris de la secte mensongère.

La royauté exécute une grande maxime, propose d'utiles idées, perpétue son droit sacré, élève le monument social, dicte une bonne loi, apprécie les besoins de l'Etat....France, livre-toi à l'espérance! un monarque éminemment religieux, sensible et bienfaisant, est aimé, béni, loué et remercié.

Tout à Dieu, tout au Prince, tout à la Charte; un gouvernement policé a pour lui la vérité, la raison, l'expérience et la sagesse.

La Charte et sa croyance donneront à la France toutes les vertus morales, politiques et religieuses. La religion catholique étant déclarée celle de l'Etat, la bonté céleste se réjouit de cet acte national.

Qu'un ordre nouveau de prospérités remplisse les cœurs d'un sentiment patriotique; que le charme de la religion se fasse sentir au peuple, comme il donne l'onction de la piété au Roi; que l'institution parfaite conserve, produise, entretienne une heureuse alliance; alors la Providence récompensera la nation docile; alors, mais seulement alors, la grâce répandra ses bienfaits sur nous. Génie de mon pays, ange gardien de la France, veillez sur le plus beau gouvernement de l'univers! Qu'un plaisir général rappelle le bonheur, et que les doux liens qui unissent la Charte, le Roi, son peuple et la religion, se resserrent encore. O Providence! vous donnez la vie aux états; c'est vous qui versez le baume consolateur sur l'espèce humaine; secondez les efforts d'un souverain héréditaire, donnez à ses ministres cette lumière solide qui, par son éclat, réfléchit des rayons de prudence.

Les gouvernements n'ont pas toujours une prospérité perpétuelle; l'Éternel qui dispose des biens, et qui verse l'eau de sa grâce, permet souvent que l'agriculture, le commerce, et l'industrie, se ressentent des affaires politiques. Si des factions effarouchent le paisible négoce, si l'alarme donne le signal du désordre, tout languit; mais le bonheur public renaît avec l'ordre et la confiance, et un Roi chéri peut donner une nouvelle face aux affaires commerciales, lorsqu'il travaille avec calme à la restauration générale.

Le desir de seconder les efforts du souverain se manifeste sur tous les points de notre riche territoire. On méprise l'intrigue et les reproches injustes. Quoi! une loi qui intéresse l'ordre des élections, qui doit porter aux grandes fonctions des hommes pieux et fortunés, trouverait une opposition scandaleuse! Quoi! les amis de la monarchie française ne pourront obtenir les fruits de la Charte! Quoi! le ministère éprouvera chaque jour les sarcasmes les plus dégoûtants! Quoi! Dieu lui-même.... Je m'arrête; c'est l'impression profonde du respect...

Si l'amour de la patrie n'était pas le sentiment le plus noble, la situation de ceux qui se sacrifient pour l'État serait vraiment déplorable.

Temps de paix et de bonheur, temps heureux, viens consoler les hommes vertueux; viens, accompagné de l'aimable Espérance, répandre l'odeur de la foi publique!

O vous qui, par des traits de calomnie, par de funestes séductions, par des observations indiscrètes, par des diatribes injurieuses à la couronne, cherchez à affaiblir le respect aux lois, au discours du monarque: que vous êtes coupables!

La Charte, affermie par l'opinion, doit *soustraire la chambre des députés à l'action an-*

nuelle des partis (1). Le règne des lois se prépare : les lois du Christ, en harmonie avec les institutions nouvelles, promettent l'ordre.

Le Roi a de fidèles sujets, il peut ouvrir avec assurance les sources du bonheur et de la religion. Rien ne contribue au bien public comme la confiance dans le chef suprême. Ne faire aucune chose contraire à la sagesse du monarque, c'est la preuve d'un attachement sincère, d'une affection pure.

La subordination est l'ame d'un état; il n'y aurait ni division, ni murmure, si la fidélité était constante.

La garantie de la Charte est la conservation du monarque; s'il propose une amélioration, elle sera toujours dans l'intérêt de sa justice, et dans la volonté publique.

Un état représentatif comporte des lois fermes; l'immutabilité n'étant point l'apanage des humains, il faut, pour des cas particuliers, et pour l'avantage de la monarchie légalement constituée, proclamer des actes réclamés par l'expérience; mais le législateur fait toujours garder la loi constitutive, et ce n'est point transgresser cette immortelle Charte, que d'ajouter un lis à sa loi des élections.

Je remarque que l'esprit de la Charte a tant de

____

(1) Discours du Roi.

puissance, qu'il réunit la volonté sociale. C'est que l'expression de la vérité réside dans la conscience publique; c'est que la Charte établit une représentation qui rallie les pouvoirs constitués contre les artisans du trouble.

Le temps présent voit trop d'écrivains qui ignorent que la religion consolide un gouvernement monarchique, héréditaire : l'athéisme est le fléau des sociétés.

Un tableau satisfaisant s'offre à mes regards. Je vois la France goûter le fruit divin de la religion catholique, je vois des hommes éclairés ne vouloir plus être dupes d'opinions contraires au sentiment royal.

On connaît les bons principes de la légitimité. Louis XVIII, vous êtes vraiment Roi par la *grâce de Dieu*. Qu'est-ce que régner? c'est rendre les hommes heureux, c'est faire servir son autorité pour l'honneur de la religion, c'est ramener les choses à leur véritable direction. La véritable législation d'un gouvernement royal et représentatif, est celle qui vient de la puissance des trois pouvoirs; et s'il s'agit de modifier, d'améliorer, il appartient aux législateurs de corriger les lois civiles et politiques.

Les hommes qui veulent être heureux, obéissent à l'autorité tempérée par la morale et la religion.

Montesquieu dit : qu'un gouvernement modéré

peut, tant qu'il veut, et sans péril, relâcher ses ressorts; il *se maintient* par ses lois et par sa *force même* (1). On ne touche point à la loi organique, lorsque l'on développe les principes conservateurs. Des institutions prospèrent toujours avec un Roi qui s'occupe du bonheur public.

Quelle est la nature de la royauté héréditaire? Un pouvoir sacré qu'on ne doit jamais méconnaître. La Sainte Bible prouve l'institution divine. Au livre de la Genèse, ch. XI, v. 10 et suiv., Dieu dit à Abram (nommé dans la suite Abraham) : « Allez au pays que je vous montrerai; je » vous établirai le chef d'un grand peuple; je » rendrai votre nom célèbre, et vous serez béni. » Je bénirai ceux qui vous béniront, et je mau- » dirai ceux qui vous maudirout, et tous les » peuples de la terre seront bénis en vous. »

Ainsi le Seigneur qui préside aux affaires des gouvernements, ordonne ce que le patriarche Abraham doit faire dans ses prérogatives nouvelles. Le Créateur enseigne aux nations à obéir aux chefs augustes et à aimer l'ordre.

Au livre des Rois, ch. XVI, v. 1—13, Samuel reçoit l'ordre de sacrer David, et aussitôt « l'huile » répandue, l'esprit du Seigneur se saisit de » David, et fut avec lui depuis ce jour-là. »

----

(1) *Esprit des Lois*, Art. XX, Liv. Ier.

O roi de France ! le sacre imprime encore à la dignité suprême un nouveau caractère. Cette onction divine donne les grâces nécessaires. Le Ciel confirmera les prodiges de votre couronnement, et répandra sur votre royaume l'eau de la foi. Le sacre inspire ce saint respect pour l'oint du Seigneur ; il s'établit une réciprocité de confiance entre le peuple et son Roi. Quelle force le sacre donne !... sans doute que Louis XVIII conserve son caractère royal, quoique l'huile n'ait pas été répandue sur son adorable personne ; mais la sainteté de l'action impose à la religion des fidèles : ce fut la religion qui ceignit le bandeau royal aux enfants de Saint-Louis, ce sera la religion qui mettra la couronne sur la tête d'un Bourbon, et les promesses de son sacre s'accompliront.

Clovis, sacré par Saint Remi, archevêque de Reims, protégea le christianisme. La prédiction de ce pieux prélat aura son effet ; oui, elle existera cette monarchie française, administrée par des souverains pieux.

Notre Roi est le plus riche présent de la Divinité ; il connaît cette belle pensée de Charlemagne, avant le couronnement de son fils : « Louis, » aimez Dieu, honorez les prêtres, aimez les peu-» ples comme vos enfants. »—Et ce saint Roi, de la dynastie régnante, Louis IX, donna aussi un avis bien sage à son fils : « On n'est Roi que pour

» *être aimé, fais-toi chérir du peuple.* » Depuis le commencement du monde, l'autorité patriarchale a ses lois, ses principes. La Bible sainte nous l'atteste. Les Rois de France régnaient aussi par le droit légitime, et la grandeur resplendissait d'un éclat toujours nouveau. Un royaume, gouverné d'après les prérogatives du trône , était heureux.

Le nôtre, qui a sa constitution, ne craint rien de l'audace et du blasphème : la Charte, semblable à un flambeau qui luit sur le chemin d'un voyageur, entretiendra sa flamme au foyer sacré de la légitimité.

La puissance de changer une loi ne peut plus être contestée. Les pouvoirs s'accordent; et les discours des deux chambres attestent un grand concert dans le gouvernement.

Une faction impie cherche à pervertir les cœurs, mais les principes de Religion triomphent partout...... On aime l'immortelle vérité; et dans notre état héréditaire, quiconque juge bien, sait qu'il faut un Roi, une religion, une constitution, et l'on voit toutes ces garanties dans la Royauté.

L'histoire sacrée renferme les premières règles sur les monarchies. *David étant mort, Salomon, l'un de ses fils, lui succéda par l'ordre du Seigneur*, tiré du livre 3e. des Rois, ch. II, v. 1—25. Tout confirme le respect pour la majesté.

L'enfant Jésus étant né dans une crèche à

Bethléem, un ange annonça à des bergers qui gardaient les troupeaux, que le Sauveur était dans cet endroit. Les bergers reconnurent ce qui leur avait été dit, et s'en retournèrent glorifiant Dieu. — Les mages avertis par l'étoile qui les conduisit à l'étable du Dieu vivant, l'adorent, et s'en allèrent en Orient publiant la royauté éternelle. Les titres souverains ont été de tout temps réglés dans les décrets divins.

Et le roi de France qui possède le diadème, qui règne aussi par la grâce de Dieu, trouve les principes du droit public chez toutes les nations qui ont consacré la souveraineté.

La hiérarchie des pouvoirs s'établit par nos livres saints; que de prétendus publicistes viennent changer l'esprit de la Bible; que par des écrits qui peuvent troubler la société, ils portent à la désobéissance envers le monarque; l'histoire, qui est le tableau des grands événements politiques et religieux, prend soin de nous retracer l'autorité légitime, et de nous apprendre la fidélité qu'on doit aux Rois.

Si j'invoque encore l'Ancien Testament, je lis que David, par un sentiment religieux pour la majesté, déchira ses vêtements en signe de douleur, en apprenant la mort de Saül, quoiqu'il fût son ennemi déclaré; c'est ce qui révèle le respect de la royauté.

On doit regarder l'exercice du monarque

comme indépendant du droit commun. Une législation divine régla les familles augustes, l'honneur du diadême ne souffre point d'attaque. Les dynasties ont des droits. Les pouvoirs résident dans l'éternelle justice.

Lorsque le bonheur public occupe un prince, on doit correspondre à ses intentions. Le Roi a pour lui l'opinion royaliste. La dynastie régnante se montre entourée de la considération publique. Le salut du trône héréditaire est assuré; de religieuses institutions, des lois qui feront fleurir l'ordre et la justice, donneront une grande force morale à la société.

Le droit général de la France a toujours produit d'heureux fruits; les édits, les déclarations de Louis XIV et de Louis XV n'ont jamais compromis les libertés civiles; ces rois magnanimes changeaient, modifiaient, rapportaient leurs ordonnances souveraines; mais c'était toujours dans l'intérêt public.

Les parlements, par de très humbles remontrances, tantôt parlaient pour le peuple, tantôt pour l'autorité royale contre le peuple, tantôt pour l'Église; ces corps respectables professaient la Religion et se faisaient gloire de protéger le sacerdoce, de veiller aux mœurs et d'empêcher la licence.

Il faut avoir soin, dans un gouvernement constitutionnel et monarchique, de protéger tout ce qu'il y a de bon , d'utile, d'honnête; on doit aussi concevoir une juste aversion pour le mal, et ceux qui , par esprit de parti, n'aiment ni le bien, ni la religion , ni les institutions.

Le sexe aimable contribue, par ses charmes et son amabilité, à faire respecter la dynastie et le culte chrétien. Telle est l'influence des femmes instruites et pieuses sur les hommes sages, qu'on remarque qu'elles parlent pour l'ordre et la paix. Elles exercent sur la société française un doux empire; aux sentimens de douceur et de grâces, elles joignent ce don heureux de plaire, cette bonté de cœur, ces idées de bonheur. Une mère royaliste disait, ces jours, à son fils : « Mon enfant , j'ai tou-
» jours été pour le trône des Bourbons; cette mai-
» son auguste fut de tout temps aimée de mes
» aïeux; sitôt qu'il s'agira de prouver ton attache-
» ment à ton Roi, que ce soit avec autant de dé-
» vouement que de patriotisme. Un souverain qui
» commande , qui honore l'Etat, qui donne de la
» gloire à sa patrie, doit recevoir les hommages
» publics : c'est l'esprit de fidélité qui cons-
» titue la félicité générale. Aime ton Roi, ta re-
» ligion et l'Etat..... Apprends cette maxime :
» *La puissance Royale a le pouvoir du Roi des*
» *Rois pour faire le bonheur de la France.* »

Ainsi parlait une dame qui avait la douceur en partage; elle guidait les pas de son fils , éclairait sa raison; et le jeune homme promettait à

sa mère de se conduire par un sentiment d'o-
béissance envers le Roi.

Les femmes peuvent beaucoup sur notre éducation ; dans tous les instants de la vie, elles sont
occupées à donner des preuves de leur sensibi-
lité. On sait que les dames ont un penchant pour
la piété. La France n'aurait pas à pleurer, si la
beauté sage eût été consultée ; elle se plaît dans la
modération. Une mère de famille sait allier les
soins domestiques à l'intérêt de l'Etat ; et en général les femmes nées pour le bonheur des
hommes, n'aiment point ce qui trouble l'ordre,
et comme elles ont le cœur sensible, le jugement
droit, elles méprisent les écrits dangereux, et
tout ce qui porte le ridicule sur la religion.

Dans les droits du souverain, se trouvent et le
maintien de la Charte et la stabilité des lois. La
Charte est-elle changée ? Non. Pourquoi-donc
séduire par des erreurs la classe trop confiante.
Pourquoi, charlatans politiques, paraître indif-
férents sur la religion, et oublier que le Roi légitime peut tout ?... La Charte sera-t-elle changée ?
Non, on le répète ; proposer des modifications,
ce n'est point altérer le pacte civil, c'est au
contraire donner l'assurance que la morale sera
liée à la liberté, et que les élections plus calmes
n'offriront aucunes prises à l'équivoque, à l'intrigue, à l'esprit de parti.

Souvenez-vous bien que la royauté a son

institution toute divine , souvenez-vous que l'ordre émane du trône, souvenez-vous que la vraie monarchie se compose de l'essence céleste. Les Français ont été regardés pour les plus attachés à leurs Rois, pour les plus religieux et les plus braves; attestez à l'univers que, par votre affection pour la personne sacrée, vous acceptez avec respect ce que la dignité de la couronne commande. Le cours de la prérogative royale est l'image d'un ruisseau qui, au milieu de mille fleurs, serpente dans la prairie.

L'intérêt général nous commande d'aimer un Roi qui conserve l'ordre. La Charte étant pour la nation et pour son Roi, ce digne prince rappelle que *la Providence lui imposa le devoir de léguer à ses successeurs et à sa patrie des institutions libres, fortes et durables...* Ah! sans doute la patrie et la royauté se prêtent une mutuelle assistance, et les vérités de la Charte seront bientôt développées, bientôt on saura que les actions publiques étaient justes et morales.

Le peuple ne fera plus entendre que des accents d'amour; déjà même il se garantit des opinions corrompues; il aime la puissance d'un souverain qui gouverne avec équité.

Lorsque la société perfectionne ses institutions, l'ordre doit être au sein des pouvoirs. L'autorité a plus d'action, si l'opinion des sujets se réunit dans la volonté sacrée du Roi.

» La justice et l'ordre se plaisent sur le trône; les principes constitutifs produisent de bons fruits. Que la terre française se réjouisse de porter des hommes heureux. Qu'il est agréable de consolider la paix publique par la fidélité, et d'arriver au bonheur par d'excellentes lois ! Belle et ravissante monarchie, faites revivre la religion, opérez l'œuvre de la Charte, donnez à nos institutions toute leur stabilité, à l'Eglise toute sa beauté, au peuple toutes les espérances; prévenez par vos améliorations tout ce qui contrarie la pureté des élections : c'est la raison publique que vous consultez, et la lumière de la nation n'égare jamais !...

La Maison royale a cette prérogative d'être toute puissante pour le bien, je dois le dire , *dominante dans son chef*. La loi salique s'applique aux Rois de France. La nation voit dans un successeur, celui qui aura la couronne. Ainsi les principes du trône triomphent, ainsi triomphera la légitimité, et avec elle ses institutions.

Un parfait équilibre rétablit tout. La Charte, plus développée dans ses conséquences, fera mieux comprendre ce que la grandeur royale peut pour la France. Tous les pouvoirs sont intéressés à l'ordre. Que l'on soit pénétré de cette vérité : que les droits de la monarchie donnent la faculté de proposer ce qui convient à la conservation de la société.

» La nation recevra la loi qui doit faire des heureux. Le sceptre est honoré. Un intérêt d'ordre appelle, dans ce moment, les hommes fidèles à exprimer des sentiments d'amour et d'attachement.

« Soyez soumis au Roi, disait un père à son
» fils, en parlant des affaires actuelles; satisfaites
» à la puissance légitime; ne lisez point tout ce
» qui porte la livrée de l'incrédulité, c'est la
» perte des bonnes mœurs. L'idée juste que vous
» devez prendre du gouvernement royal, c'est
» que le Roi règne pour protéger les institutions...
» *Le pouvoir législatif existe pour faire des lois*
» *justes et sages.* Portez dans votre ame celui qui
» protège nos personnes et nos propriétés; retenez
» bien que les principes du droit royal sont : de
» présenter les actes de la sagesse souveraine aux
» deux chambres, de concourir avec elles au per-
» fectionnement des lois. Un trône qui a les droits
» d'une antique possession relève du Ciel. Croyez
» que la Charte subsistera; que si la prévoyance
» du Roi pour son peuple le porte à établir un
» mode d'élection, c'est pour le bien général. La
» raison de changer appartient à la volonté su-
» prême. Ne mesurez point les choses d'état à l'o-
» pinion vulgaire. Vous devez vous rappeler,
» mon fils, qu'étant avec moi dans notre jolie pa-
» roisse du Roumois, à cultiver nos fleurs, nous
» croyions bien que la loi sur les élections serait
» un jour modifiée. C'était le temps où l'on s'as-

» semblait pour nommer des députés. Chaque
» électeur à qui nous parlâmes voulait que les
» nominations fussent faites à son idée et à son
» inclination. Celui-ci paraissait donner sa voix
» à un riche propriétaire qui déjà avait, un des
» premiers, parlé dans l'assemblée pour le trône
» et l'autel ; cet autre présentait sa liste : nous
» ne connaissions point les candidats. On par-
» lait de l'esprit libéral , et vous remarquâtes
» que ce mot était nouveau dans notre village.
» Je répondis que sans doute les députés élus se
» distingueraient par leur profond respect pour
» la personne auguste, et par le zèle pur et
» ardent avec lequel ils combattraient la licence
» et l'irréligion. »

« Oui, répliqua le fils, j'entendais parler de
» libéraux, et vous m'avez appris que la sainte
» liberté n'est pas effrénée , indépendante. Je
» chercherai le bonheur dans l'obéissance au
» Roi. J'ai lu que cette auguste Maison des Bour-
» bons avait une origine très ancienne. Trente-
» deux Rois reçurent les honneurs de nos pères ;
» dix-huit Rois, depuis Saint-Louis, prouvent
» que cette respectable dynastie est maintenue
» par l'ordre du Ciel. Les mots heureux de
» Henri IV sont connus : *il fit tout le bien pos-*
» *sible.* Aimables descendants ! et vous aussi ,
» vous aimâtes vos peuples, vous défendîtes la
» religion, vous honorâtes les martyrs.

O Louis-le-Desiré! votre ame, touchée des malheurs publics et privés, n'éprouva que de tristes
souvenirs; vous allez goûter les douceurs d'un
règne paisible. Enfants de France, réunissez-vous
autour du trône pour célébrer le digne régénérateur *qui fait son étude du bonheur de ses sujets.*

Peuples! exécutez les lois constitutives de votre
état monarchique. Aimez le Roi; sa couronne repose sur le gouvernement de droit.

La royauté n'a que la religion au-dessus d'elle...
Le trône s'appuie sur le culte catholique... Dans
un état civilisé les distinctions relèvent la société;
l'article LXXI est conforme au droit public :
L'ancienne noblesse reprend ses titres, *la nouvelle conserve les siens.* Le sentiment de Montesquieu, sur l'aristocratie politique, se trouve ap-
plicable (Art. VII, Principe de la Monarchie.) « Le
» gouvernement monarchique suppose, comme
» nous l'avons dit, des prééminences, des rangs,
» et même une noblesse d'origine. La nature de
» *l'honneur* est de demander des préférences et
» des distinctions; il est donc, par la chose même,
» placé dans ce gouvernement. » (Livre I.)

Ce serait détruire les franchises nationales,
ce serait attaquer les institutions, que d'insulter
aux hiérarchies et aux caractères évidents d'un
royaume héréditaire.

La nation doit son repos et son bonheur à son

Roi et aux Chambres : telle est la puissance cons-
tituante qu'elle assure la justice du Roi et les libertés. Les organes de la France conserveront
dans son entier cette belle prérogative, de faire
tout pour la félicité des sujets d'un Monarque
qui ouvre la route du bonheur.

L'Ancien Testament parle de l'alliance de
Dieu avec Abraham. Le Seigneur établit des
priviléges, des honneurs éternels pour les familles augustes. La Genèse, chap. XVII, versets
1 et suiv. « Votre épouse s'appellera princesse ;
» elle vous donnera un fils, et sera mère des
» nations. »

Le droit public atteste qu'un Roi qui règne selon les lois d'hérédité, a raison de maintenir ses
prérogatives, qui sont pour l'ordre et la prospérité
générale. Sous le prétexte de l'indépendance, de
la liberté de la presse, verra-t-on toujours l'impiété insulter aux principes moraux, civils et divins ? L'Esprit-Saint qui parle pour la France,
rappellera les hommes vertueux à son sentiment ;
il veut nous éclairer, en établissant que la royauté
est le plus puissant intérêt ; que, par elle, les
peuples reçoivent toutes les assurances sociales ;
les écritures nous offriront des princes revêtus
d'une autorité grande, pour rendre les gouvernements heureux.

L'autorité royale, ainsi que l'autorité pater-
nelle, émane de Dieu ; il faut obéir aux puis-

sances, respecter les trônes, honorer les autels.
L'homme, en société, contracte, avec sa patrie,
l'obligation de garder le pacte civil, de s'en rap-
porter aux représentants augustes pour régler les
lois politiques ; et dans une monarchie constitutionnelle, les pouvoirs chargés de faire fleurir et prospérer l'Etat, acquièrent des droits à la
vénération.

O France! tu te reposes sur le gouvernement
d'un prince qui n'a que de bonnes intentions ; il
unit la Charte à l'Etat, l'Église au trône.

Qui peut relever la gloire nationale ? Le Roi.
C'est à lui de conduire toutes choses à une heureuse fin, et son système d'améliorer produira le
bonheur.

Qui doit aussi soutenir les grands intérêts de
la société ? *Le pouvoir constituant ;* il affermira, il fixera.

Les changements que la majesté royale peut
et veut proposer, sont dans ses attributions. L'article XVI de la Charte fait jouir ce grand pouvoir
de cet aimable bienfait : Le Roi propose la loi.

Lorsque les trois pouvoirs législatifs ont ce
sentiment de changer, modifier ou améliorer,
les sujets doivent respecter les motifs puissants
des organes de la volonté nationale qui cherchent les moyens de rendre le peuple plus heureux : la puissance protectrice affermira le trône
et l'autel, et maintiendra l'ordre.

On est gouverné par la douceur et la raison. Qu'un peuple s'acquitte de ses devoirs, qu'il observe avec honneur sa religion, qu'il soit fidèle, et la patrie aura tous les genres de gloire et de félicité.

L'État s'élève par la grandeur du chef. L'autorité s'exerce pour faire valoir les libertés sociales. Un gouvernement prévoit tout, lorsque la politique du prince le sert admirablement.

On n'assure l'existence d'une constitution que par des lois fortes, par des dispositions sages.

O vous, qu'éclaire la sagesse céleste, que par votre puissance la tranquillité se trouve en harmonie avec la proposition du Souverain ? La bienfaisance royale maintient toujours l'ordre, quand un accord admirable confond les volontés dans l'amour du Roi et de la patrie.

Le principe du trône est reconnu. On veut obéir à l'action suprême; la prospérité se prépare. O avenir fortuné, tu me réjouis! Terre, sois plus riche; culture, sois encore plus parfaite. Admirable puissance du ciel, le bonheur descendra sur la France!-les fleurs de la douce espérance exhaleront une odeur agréable. Oiseaux, vous chanterez l'ordre, présage de l'opulence publique. Partagez la joie générale, vous qui propagiez la discorde; cédez à l'ardeur du feu patriotique. Le Roi s'occupe du bien de ses sujets; qu'il reçoive nos sincères hommages.

Marchons tous avec loyauté. De bons principes se développent. La durée éternelle d'un trône légitime commande la fidélité.

Amour de la patrie, redouble l'amour du Roi. Aimer Dieu, chérir le Roi qui nous régit, croire au bonheur, voir dans les institutions chrétiennes les germes de la vérité suprême, ce sont les vœux des Français.

C'est une vérité de l'immuable loi, qu'un roi constitutionnel et héréditaire ne saurait faire le mal. Obligé, par le caractère divin que lui imprima le Dieu de ses pères, il cherche toujours à améliorer la condition des hommes; il n'agit que d'après la sagesse éternelle.

Qu'un ministre énergique et heureux parle pour son Roi, la nation et la Charte, les discussions publiques attesteront que le pouvoir royal renferme les principes de l'ordre, et qu'il se distingue essentiellement des autres pouvoirs.

De là le principe immuable : Si veut le Roi, si veut la loi. Le système d'une nation instruite et fidèle doit être de sanctionner la légitimité d'une loi proposée par le souverain.

Qu'un état est heureux, où la religion de la couronne fait produire le fruit délicieux de la vertu sociale! O espérance de voir le peuple français remplir les obligations envers le diadême, soyez réalisée!

La dépendance sociale fait le bonheur, parce qu'elle soumet à l'autorité, et qu'une nation ne peut prospérer si elle refuse de reconnaître les autorités.

Tout dans le monde moral prend un aspect enchanteur lorsque les mœurs civiles sont pures, lorsque les devoirs, les affections, la fidélité, soumettent les esprits au Roi.

Elle s'embellit la société, où l'amour de la religion conduit à l'obéissance, où les droits sacrés relèvent le peuple, où le législateur suprême connaît l'esprit humain, juge ce qui fera le bonheur, et répand ses grâces jusque sur la politique.

Qu'elles triomphent pour la félicité des peuples, les propositions des souverains qui tendent à former des gouvernements purs! Que tout ce qui entretient l'harmonie subsiste!

Puisque le Seigneur de toutes choses, le père des nations, a confié au Roi le vaisseau de l'État, il ne rencontrera plus d'écueils. Le calme succédera à la tempête. L'amour de la patrie, ce respect pour la famille des Bourbons, cette fidélité à suivre la loi divine et humaine, ces admirables pensées d'ordre et de justice garantissent toutes les institutions, toutes les améliorations possibles.

L'essence royale donne des lumières qui relèvent encore la puissance. Un législateur suprême doit éloigner toute contagion, tout ce qui tend à affaiblir l'obéissance des sujets; la liberté de la presse a des limites.

La société qui se prépare de glorieuses destinées, se porte avec ferveur à suivre les lois et à former un esprit d'ordre qui plaît au monarque; mais si l'autorité du trône trouve de mauvaises intentions dans le faux esprit du siècle, si la majesté des représentants est insultée, si les administrations ne reçoivent plus le tribut de reconnaissance, si la justice se trouve sans force, les droits de l'humanité sans protecteurs, la religion sainte sans autels, le désordre et l'impiété troublent l'État.

Comme les royaumes légitimes sont fortunés, lorsque les gouvernements persévèrent dans les idées de rendre stables et permanentes leurs institutions! Combien la religion d'un Roi sert à la piété des sujets! Combien la félicité publique donne d'éclat à la patrie! O bonheur! viens, je me livre à toi, viens répandre tes bienfaits sur la France! O France! sois heureuse par ta Charte, par ton amour pour le monarque, par ton unité d'ordre!

La paix et l'ordre font la santé des monarchies héréditaires. La dignité royale étant si élevée, on doit regarder un souverain avec la plus grande vénération, et ne prononcer son nom qu'avec autant de piété que s'il était Dieu même. Si cette conduite des sujets envers les Rois était observée, il existerait un ordre de choses qui donnerait une nouvelle existence politique. J'ai vu un vieillard qui, en parlant du Roi, s'inclinait respectueusement et se découvrait chaque fois; il me disait que c'était satisfaire à l'ordre de Dieu et se contenir dans le devoir, que de témoigner par cette révérence l'amour et le dévouement; que si ce respect était général, il produirait des bénédictions. Sans doute que les Rois, comme représentant la puissance céleste, doivent être des objets d'affection et de fidélité.

Les grands intérêts n'échappent point à un gouvernement royaliste; il veut le salut de la patrie, le triomphe de la Religion; il écoute les vœux et les besoins.

La bonté primitive de l'homme se dénature par l'irréligion ; la croyance catholique dans un état où elle est publiquement reconnue, nourrit les cœurs, éclaire les esprits, purifie les ames, attache au diadême, conduit au bien, réduit l'athéisme, remplit l'Eglise des lumières de la foi, et soutient l'édifice social.

C'est une vérité du ciel, que le bonheur durable réside dans le culte chrétien. La France voit

3..

briller le flambeau de la grâce ; elle sait que la religion concourt à la félicité publique, que les devoirs essentiels des peuples sont de respecter,
d'aimer, d'adorer, de glorifier Dieu, de remplir
envers le trône des obligations sacrées.

Le Très-Haut a imprimé dans les ames les lois
de la morale et le besoin de vivre heureux. Les
principes de la politique d'un grand prince, sont
de former les hommes à l'union la plus intime, à
l'ordre le plus excellent, à la soumission la plus
tendre.

Le sort public se perfectionne par le sentiment
national, et la dignité de la pourpre royale, par
la sécurité, la religion et l'ordre.

C'est à l'auguste fondateur à préserver la
France de nouveaux dangers. L'ineffable lumière
éclaire l'État ; et qui peut troubler la paix, quand
l'harmonie sociale, la fidélité aux ordres du fils
de tant de Rois, les rapports de la morale chrétienne et des lois civiles, donnent au monde l'assurance du bonheur ?

Nos institutions constitutionnelles développées
par l'effet de la volonté du monarque et des deux
chambres, uniront toutes les classes de la société,
et dans les principes féconds de la Charte régé-
nérée, nous trouverons le fruit salutaire de
l'ordre.

Il est réglé dans les décrets éternels, ce temps

de bonheur! Les prospérités durables sont celles qui ont la religion pour ressource, la paix pour force, l'ordre pour élément, une bonne législation pour conserver la politique, et les droits sacrés de la dynastie. Les peuples sont trop convaincus des avantages d'une bonne constitution, pour s'éloigner des pensées généreuses du Roi.

La nation française veut devenir heureuse ; elle demande que l'esprit du christianisme reçoive la protection des lois, que les ministres de la religion soient respectés, que le caractère royal puisse accomplir sans contradiction le vœu général. La nation demande les richesses et l'abondance qui proviennent de l'ordre intérieur et de la confiance.

Que la rosée matinale de la vertu divine fasse croître la plante du bonheur et fructifier la semence de la vérité royale; que d'heureux changements dans la loi électorale remplissent nos cœurs de joie et d'allégresse.

O espérance! viens dissiper les nuages qui causaient de l'obscurité à l'esprit moral; viens coopérer à la gloire de la monarchie héréditaire; viens, pour l'intérêt civil et religieux, briller sur la France!...

L'amour de l'ordre domine dans les cœurs. Déjà une belle aurore annonce un jour pur et serein : les sujets se passionnent pour leur Roi ;

partout on professe le principe sacré de la légitimité ; les intentions paternelles du meilleur des
princes sont respectées ; toutes les garanties pro-
mises couronnées par la Charte ; tout ce qui contribue à la félicité, réalisé. Le trône et l'autel s'u-
nissent pour agir dans la volonté morale.

Nul bonheur sans ordre, nul ordre sans un
Roi qui gouverne avec sagesse et religion. Louis-
le-Desiré a compris cette vérité ; il sait que les
gouvernements dépendent des bonnes mœurs, de
l'amour que les peuples portent à leurs souverains, et du gage d'union donné par ces augustes
chefs à leurs nations. Les lois monarchiques,
constitutionnelles, sont dans l'esprit de la Charte.
La France possédera enfin ce code précieux qui
concernera le bonheur.

Les résultats opérés par d'utiles améliorations
produiront de grands biens. Le pouvoir sacré peut
tout. *Au Roi seul appartient* la puissance exécu-
tive (art. 13 de la Charte). Bientôt on ne comp-
tera que de véritables Français, bientôt les sentiments se fortifieront dans l'amour de Dieu et du
Roi. De l'exercice du pouvoir souverain sortent
les idées sublimes qui préparent la prospérité.
O Royauté ! viens affermir la morale et la religion !.... viens offrir le puissant moyen de l'o-
pulence générale.

C'est la puissance héréditaire qu'on doit écouter dans une monarchie représentative ; il n'y a qu'un Roi légitime qui, réuni aux deux pouvoirs législatifs , puisse faire entendre la vérité au peuple.

Pour que le char politique marche vers la borne du bonheur, il faut que l'immortel conducteur parcoure l'arène semée de fleurs. La nature d'un gouvernement légitime et royal admet un principe qui prend sa force dans l'institution religieuse.

Un roi étant la droite de l'Éternel, doit, comme lui, n'avoir aucuns pouvoirs au-dessus de sa personne inviolable. Tel un ormeau embrasse, soutient et garantit la faible vigne : tel un monarque protège son peuple, prête son autorité aux ministres , et fait prospérer l'arbre civil. Que la sagesse préside aux institutions ; le trône est assis sur les bases de l'honneur, c'est assurer qu'il sera inébranlable. La Charte doit rallier tous les Français autour de l'autel saint de la dynastie, c'est publier le bonheur.

L'autorité du monarque français ne se partage point : infinie, indépendante, elle tient tout des cieux et de la nation. On sait avec quelle tendresse Louis XVIII parle de la félicité publique : son desir de prolonger ses jours précieux, n'est qu'un premier sentiment pour son peuple.

Le grand principe de la morale publique

doit, dans quelques jours, se développer pour l'intérêt social. Les lois fleurissent comme les fleurs ; ce sera le printemps des vertus. L'esprit public recevra une heureuse impulsion par les questions intéressantes du droit royal.

O France ! tu verras des jours riants et fortunés ; l'olive et le lis formeront la couronne immortelle de la Charte. Les pouvoirs s'unissent ; ils reconnaissent que la gloire, l'honneur et le repos, résident dans la suprême puissance ; un Roi, sur le trône où le plaça l'Éternel, ne trouvera plus d'entraves pour le bien. La France veut recueillir les fruits de sa Charte accomplie.

Le trône a ses lois, ses principes, sa religion. Le Souverain est une seconde Providence ; il connaît les besoins de son peuple : agissant par le principe de la légitimité, il ouvre les trésors de la prospérité ; et tout ce qu'il y a de plus favorable au repos et à l'ordre, appartient à la couronne.

La monarchie héréditaire ne se fonde pas seulement sur la Charte, mais sur les rapports du pouvoir du roi avec les institutions civiles.

La grandeur royale ne doit point se laisser comprimer par l'audace, opprimer par l'affreuse irréligion, attaquer par d'inconstantes factions.

Qui veut l'ordre social, désire aussi la prérogative de la couronne, et en fortifiant la dynastie, on complète les lois.

Le Prince auguste prouvera que la lumière divine éclaire ses projets; c'est à la France à se rallier au trône, à la religion, à la Charte : concourir aux vues du gouvernement, c'est rendre l'État heureux.

Quand les mœurs publiques et privées règnent dans l'État, on aperçoit que l'ordre social s'améliore, le ciel veille pour la France, l'étoile du bonheur brille; la Charte, qui assure les droits de la dynastie, associe les pouvoirs législatifs à la confidence du trône ; la Charte conservera l'ordre civil, elle conduira à la source de l'espérance, et l'avenir se présentera avec les charmes de la félicité.

Un nouvel élément de l'organisation sociale donnera un noble essor à la civilisation, plus d'intérêt aux prérogatives de la couronne, plus de stabilité à l'État, et, aussi, plus de majesté à l'Église.

Avec une haute estime pour le Prince qui prévoit tout, avec des institutions fortes, avec l'ordre moral, la nation française s'élevera brillante comme l'astre du jour dans son midi.

La royauté renferme de grandes attributions; elle existe d'après le droit divin.

Le Sauveur du monde, interrogé sur les droits

de César, répondit : *qu'il fallait rendre à César ce qui appartenait à César*, et à Dieu ce qui appartenait à Dieu. Il savait, cet auguste législateur, que toute société ne peut existe sans un principe conservateur.

Et lorsque Jésus - Christ recommande l'obéissance à l'empereur des Romains, que ne doit pas faire un peuple catholique qui voit dans son Roi légitime le Dieu temporel.

La nature humaine a reçu du Créateur cette première loi, de respecter le souverain, de remplir des devoirs, d'adorer l'Être infini.

Que le pouvoir héréditaire soit conservé dans toute son intégrité. La Providence rappelle la société à de profondes pensées; elle dit aux peuples: « Un état prospère par la fidélité ; il faut se sou- » mettre à ceux qui gouvernent ; car sans auto- » rité, on verrait la licence effrénée et l'irréligion » troubler l'esprit national. C'est la conscience » publique qui offre les plus vrais sentiments : » l'amour du culte chrétien est aussi la meilleure » garantie que les monarques puissent avoir de » leurs sujets. »

Les lois politiques des sociétés humaines précèdent les lois civiles ; mais l'intérêt politique ne peut être séparé, dans un gouvernement représentatif héréditaire, de celui du monarque.

La Charte doit, par sa force et l'élévation des

idées qui s'opèrent dans l'opinion, présenter toutes les merveilles de la législation ; c'est au peuple à attendre avec respect le développement constitutionnel : telle une fleur ouvre son calice à l'air doux du Zéphir, telle la Charte s'épanouira aux rayons de la vérité.

Un souverain qui s'emploie pour le bien de son royaume, trouve partout des cœurs soumis et reconnaissants. C'est une maxime céleste : « Que » se soumettre à toutes les lois et respecter ceux » que Dieu a établis pour les faire observer, » c'est la plus forte protection d'une monarchie, » et la meilleure caution que les peuples puissent » avoir de leur sûreté. »

Cet amour de la dynastie se manifeste chaque jour ; ce qui entre dans l'intérêt public, ce qui doit régler l'ordre et la durée des élections, ce qui étant fondé sur l'utilité commune peut procurer le bonheur, aura le vœu national.

Que la puissance royale parle, on entendra avec soumission la promesse sacrée ; les volontés vont se confondre dans l'amour de la Charte, du Roi et de sa dynastie.

Dieu protége la patrie, et nos contrées riantes et paisibles seront toujours éclairées par la foi.

O vérité ! pénètre mon ame de tes ineffables lumières, porte la conviction du bonheur dans tous les cœurs ; que tes sublimes clartés illuminent ma nation; continue l'histoire du pouvoir souverain.

Il est certain que les prérogatives du trône consistent dans le domaine inaliénable de recevoir la couronne de Dieu, de l'ordre de primogéniture, du sentiment public. Un Roi a ses statuts sacrés, sa politique sage; il se règle sur la circonstance impérieuse, sur l'ordre; son droit sort de la vertu de ses ancêtres; et lorsque la dynastie régnante possède les grandes qualités qui font espérer une constitution parfaite, la pourpre royale doit être entourée de l'opinion générale.

Le diadême, chez les Français fidèles, fut toujours considéré comme fondé sur le bien de l'État. La puissance étant la qualité distinctive d'un souverain, elle exige un dévouement et une soumission qui rendent stables et tranquilles les lois constitutionnelles.

L'ordre fixé, il importe d'être conduit par la sagesse. Que ma patrie se réjouisse du gouvernement de la famille de Saint Louis; à l'autorité divine se joint l'autorité de la naissance. L'amour des bons Rois qui ont régné si glorieusement, s'augmente encore par l'amour du prince religieux qui règle nos destinées. Dieu, qui aime les monarchies héréditaires, distribue ses dons aux souverains.

De la bonté des institutions résulte le bonheur.

La vie civile a des douceurs lorsque les lois sont exécutées, lorsque les bonnes mœurs se propagent, lorsque les sujets honorent le pouvoir.

Craignez Dieu, aimez le Roi : maxime d'un esprit bienheureux qui connaissait la vie sociale. Un monarque qui médite le bonheur de l'État, qui puise dans la source chrétienne le principe qui émane du ciel, *que les évêques, dans leur diocèse, propageront le respect dû à la sainte religion*, trouve tous les cœurs soumis.

La raison publique est la loi d'un état représentatif ; elle se forme par la nature des choses, par le principe sacré de l'hérédité. Peuple ! l'objet d'un législateur auguste a quelque vertu surnaturelle. Plus un Roi se trouve placé, par Dieu, au-dessus des autres hommes, plus il répand des consolations par sa clémence et ses lumières. La piété sur le trône offre un spectacle majestueux.

La civilisation étend son action sur les hommes. La légitimité favorise les libertés sociales, et la puissance législative assure le diadême.

La dignité du gouvernement constitutionnel est en sûreté, aussitôt que le Roi puissant donne la vie et le mouvement au corps politique. Les égards envers le chef et les devoirs envers Dieu, attachent aux pouvoirs qui ont la conservation des droits nationaux.

La Charte versera sur la France ses dons les plus précieux: telle l'eau qui coule d'une source pure arrose ses bords fertiles.

Une loi propre à élever le caractère d'un peuple, mérite la sanction de ce même peuple. La nation aime son Roi, et toutes les pensées des pouvoirs législatifs tendent à fortifier les institutions. Les libertés civiles et politiques résident dans l'esprit monarchique. La tige sacrée des fils de France ombrageait dans ses beaux jours de gloire et de splendeur, la pieuse, la fidèle nation: les lis conservent encore leur force et leur blancheur. Vivons heureux, et que l'attachement à la dynastie atteste notre loyauté. Il est démontré que la royauté doit jouir de ses belles prérogatives; établissons qu'un Roi de France et de Navarre a un droit sacré et inaliénable.

Etabli pour commander, il adoucit son autorité; sa couronne réfléchit sur la patrie des rayons de gloire; s'il propose une loi, c'est toujours dans l'intérêt de ses enfants; sa vertu étant une de ses nobles qualités, rien n'approche de la perfection de sa piété. Il apporte la plus grande attention à faire fleurir la Charte et la religion romaine; il sait que nos grands Rois ont été fidèles à Dieu, et que le culte catholique a des droits sur les Français.

Le temps prépare la stabilité des lois. Les biens qu'on attend d'une législation conforme à nos mœurs, seront plus agréables, parce qu'on les aura cueillis à l'arbre de la royauté !

Nos institutions promettent la félicité. La patrie et la dynastie s'unissent : mêmes droits à conserver, mêmes prérogatives à défendre, mêmes lois à organiser, même honneur national à garder.

Amis sincères du meilleur des Rois, joignez-vous à moi pour annoncer nos destinées futures. Le Chef auguste et les deux chambres ne changeront rien de préjudiciable à nos libertés. La dignité du trône, la gloire, subsisteront à jamais.

La gloire ! A ce doux mot tous les Français se reconnaissent ; la gloire ! qui a fait naître les vertus nationales ; la gloire ! la richesse de la France ; la gloire ! qui attacha nos braves à son char, augmentera encore par nos belles institutions.

O liberté sage ! liberté raisonnable, liberté que le Créateur imprima dans toutes les ames, liberté qui communique l'ordre, qui, comme une eau vive, entretient la plante morale dans toute sa vigueur, viens te réjouir des propositions royales, t'arrêter devant le trône, et fuir à l'aspect de la Discorde.

La liberté publique n'offense point la majesté du Prince ; son attachement est légitime ; elle dispose au bien : on la trouve assise auprès des pouvoirs.

Liberté, gloire, patrie, procurez tous les biens. Vous marchâtes avec les héros : que d'actions mémorables, que de traits sublimes, que de fidélité à l'État, quel dévouement pour l'auguste dynastie ! Oui, la gloire donne de la force à la couronne, attache à l'hérédité, brille avec la vertu, ramène le bonheur et l'espérance. Agissons pour l'amour de la véritable gloire, et le bon ordre existera. L'autorité royale assure les libertés publiques. *C'est dans le développement naturel de nos institutions que nous puiserons notre force.* Ces promesses de la couronne seront bientôt vérifiées ; les principes triomphent, et la Charte, sauve-garde des droits nationaux, reconnaîtra toujours les attributions du monarque.

Les trois pouvoirs garantissent l'ordre par le résultat d'un concert qui produit le bonheur du peuple.

Dans cette sphère brillante de la royauté, la raison du trône éclaire la société : le Roi exerce des droits inaliénables. Un monarque sage n'aspire qu'à rendre son peuple heureux ; il ne sépare point son bonheur de celui de la patrie ; il conserve les franchises nationales ; il sait aussi

que les prérogatives font le salut de la constitution.

La législation s'exerce dans l'intérêt public. Un
peuple qui seconde les vues royales se trouve heureux ; il reçoit des lois bienfaisantes, et tout le ramène à la gloire de la patrie.

Quels sont les attributs d'une constitution représentative ? De présenter de bonnes lois, de
garantir du désordre, d'offrir tous les caractères
de la monarchie héréditaire, d'embellir la véritable gloire, de maintenir l'ordre, de faire fleurir
la piété, de récompenser les héros.....

La félicité sociale se consolidera par les maxi-
mes d'état, par l'exercice des priviléges du trône,
par la fidélité. On aimera le gouvernement, parce
qu'on aimera son chef auguste. Dans cette pers-
pective de bienfaits, le Roi, qui cherche la prospérité de ses enfants, sait que l'amélioration qu'il
proposera fera le complément de la Charte.

O monarque qui tenez le sceptre du bonheur !
vous nous promettez des jours de splendeur, et
les Bourbons ont toujours réalisé leurs pieux
desseins ; vous réclamez les richesses de la misé-
ricorde divine : à leur suite marchent et l'opulence des citoyens, et l'ordre, présage de la félicité !

Que le trône a de charmes quand la religion le
couvre de son égide sacrée ! La religion, qui sait,

par sa morale sublime, rappeler au devoir; la religion, qui modère les passions, a toutes les émo-
tions de la vertu, tous les dons de la charité; elle
relève la majesté de l'homme; son flambeau guide
dans le chemin de l'honneur.

Il est donc de l'intérêt général de chercher le
bonheur social au milieu des fleurs du culte chrétien. Pour un état monarchique et représentatif,
le Roi, chef suprême, fait les traités de paix et
de guerre, les alliances; l'initiative est dans son
domaine. Le système militaire, les honneurs, le
pardon relèvent immédiatement de sa puissance.

Ses ministres, attachés à sa gloire, soutiennent
les principes du gouvernement; il les protège
contre les factions, la haine et l'injustice. Fidèles
observateurs des lois, ils parlent pour l'honneur
de la patrie et pour la dynastie.

Les pouvoirs s'accordent, tout annonce l'ordre:
dans l'état actuel, il importe de réunir tous les
sentiments : on veut le calme; et personne n'aime
l'anarchie. On verra le Souverain et les chambres
perfectionner les institutions, assurer paisible-
ment l'exécution des lois, et mériter les hommages
et l'admiration de la France. L'amour de la
patrie, l'amour de la gloire, l'amour du trône
élèvent les ames. La Charte portera de doux
fruits, le feu de la puissance l'échauffera. Je
remarque que la monarchie est si bien réglée,
qu'elle conserve toute la plénitude de son autorité.

Une proposition est-elle présentée par l'ordre du Roi? Le pouvoir législatif sait, par son bon esprit, adopter la vérité du trône. Cette remarque atteste les vertus solides, l'obéissance éclairée, l'intérêt national.

Qui voudrait se soulever contre la loi, serait bientôt réprimé par l'assentiment des deux chambres : droits sacrés et précieux de la nation, vous ne souffrirez aucune altération ; les députés sauvent le trône de toute inquiétude. Les honneurs, les bienfaits, la gloire, la religion, se ressentent de la puissance royale. Une législation constitutionnelle et monarchique repose sur des principes éternels. L'autorité qui ne desire que la prospérité de la grande famille, aura le cours perpétuel de ses prérogatives.

Quand Louis XVIII monta sur le trône de ses ancêtres, il proclama les vérités de la morale, les principes du droit public de la France pour le trône et le peuple, il sanctionna la loi sociale, c'est donc à la nation de couronner l'œuvre de la sagesse suprême.

La nation se trouve légalement représentée par ses députés. Un principe qui émane de Dieu même, c'est que les peuples ont des droits : toutes les hiérarchies publiques sont garanties par les trois pouvoirs ; *les chambres ont la faculté de supplier le Roi de proposer une loi sur quelqu'objet que ce soit.* (Art. XIX de la Charte). Ainsi se trouvent conservées toutes les franchises, tous les droits inviolables. Ce qui doit être pour le bonheur public est porté au pied du trône; et le Roi s'empresse de justifier la confiance des représentants. O autorités légales ! le bien se fait par vos délibérations. Puissent et la légitimité et les chambres défendre le principe conservateur ! Puissent l'ordre et la tranquillité régner dans ce monde civilisé !

On parle toujours du nouvel ordre social, du progrès des lumières, de l'instruction publique ; je me plais à le dire, le christianisme enseigne comme on doit vivre dans l'État, il persuade et ne force point les consciences, il répand ses aimables bienfaits sur la nation et sur la dynastie, il protège toujours les souverains héréditaires. Les apôtres offrent dans leurs actes les admirables signes de l'autorité, et engagent les peuples à l'obéissance. Ainsi la religion catholique concilie, impose la paix, recommande la justice, la clémence, le pardon, l'équité, le bon ordre, l'éducation vertueuse, et tous les principes du divin Créateur.

Lorsque la nation française trouve dans un prince d'origine auguste toutes les garanties, les liens qui l'attachent au Roi et à sa dynastie doivent se resserrer. Les plus absurdes opinions, les pamphlets dégoûtants, les feuilles indigestes qui lancent le poison sur l'autorité suprême, sur Dieu et ses ministres, recèlent les chants impies. Tous les hommes véritablement Français gémissent. A qui un Roi doit-il compte de sa puissance? A Dieu et à la société. Un souverain, dont la domination a des douceurs, qui, toujours sensible, parce qu'il a de la piété, toujours grand, parce qu'il représente l'Eternel, marque ses jours par des bienfaits, doit recevoir des témoignages de satisfaction.

Beau règne de la légitimité, venez répandre l'aisance! O Roi heureux de l'amour de vos fidèles sujets, soyez l'ame de la grande famille. Le Dieu immuable, en vous donnant la puissance, vous accorda les dons de la grâce.

Image du Créateur, vous avez sa bonté, et comme lui le droit de faire grâce; tempérez votre autorité; vous savez que le trône ne peut recevoir aucun dommage: la clémence et la justice vous accompagnent, rien ne peut vous nuire.

Les lois positives empêchent le désordre de la société. Un roi légitime et constitutionnel a des droits qu'il ne peut céder; il prend sa couronne de l'hérédité; et dans l'étendue de son pouvoir, il impose des devoirs à ses sujets.

Ce dogme sacré que le Roi est né pour le bonheur de l'État, rappelle la plénitude de la prérogative et l'exercice libre du droit royal, la légilimité! principe qui prouve que la royauté n'aura aucune interruption. La dignité de la couronne a tous les attributs de la dignité. L'oint du Seigneur est sacré. David ne veut pas insulter à la « majesté » de son ennemi ; il pouvait prendre Saül ; il dé- » fend même à sa troupe de se jeter sur lui : A » Dieu ne plaise que je porte la main sur le re- » présentant du Seigneur. » (Livre des Rois, ch. XXIV, v. 2 et suiv.)

Que le nom d'un Roi découvre de belles pré- rogatives; ce serait une doctrine contraire aux écritures saintes que celle qui méconnaîtrait la puissance héréditaire, un Roi de France!! Trône où les lis brillent, vous trouvâtes de la fidélité dans les Français chrétiens; ce fut l'indifférence qui perdit la religion, ce fut l'indifférence........

La royauté est éternelle. *Vive le Roi!* Et quoi- qu'appelé par Dieu à jouir dans le ciel du fruit de sa bonne administration, il vit aussitôt dans la personne de son légitime successeur.

Les souverains et les peuples ont fait alliance dans les États héréditaires : c'est aux peuples à ne jamais oublier qu'ils doivent obéissance aux têtes couronnées; c'était dans la France une maxi- me reçue: Une foi, un Roi. Les principes ont-ils changé?....... Le Roi de France, fils aîné de l'É- glise, possède par droit d'hérédité.... La nation, gouvernée par la maison du Roi juste, ne mécon- naît point les bienfaits de la représentation ; mais c'est au nom du Roi que la justice se rend, que les charges sont distribuées, que les ministres parlent......

Le sceptre et l'épée du Roi Très -Chrétien font l'ornement de l'Etat. L'affection à la religion prouve la sûreté du monarque.

Un gouvernement s'élève à un état de prospérité, lorsque tous les sujets aiment le prince constitutionnel. — On est heureux avec de bonnes lois : un peuple qui veut obéir sait que la piété garantit le diadême.

S'il existe un charme puissant dans le pouvoir royal, c'est de faire le bien du peuple ; c'est de pouvoir dire qu'on verra ce que peut encore exiger la restauration de l'aimable religion de nos pères.

L'intérêt général rassembla les humains ; chez toutes les nations civilisées, la loi veille aux besoins ; et dans une monarchie légitime, la royauté a son essence naturelle.

La morale publique se propage par la salutaire influence du prince. C'est la fidélité qui fait naître le bonheur ; c'est la conscience nationale qui donne l'assurance de la stabilité.

Le bien qu'il doit y avoir dans la dignité royale, est grand : c'est du haut du trône que découlent et les bonnes lois, et l'opulence. La culture aime l'ordre ; le commerce étend ses spéculations dans le calme ; mais si la confiance est troublée par la rébellion et l'athéisme, il n'y a plus que confusion. Goûtons dans cette riche patrie les plaisirs purs préparés par les mains royales.

Fidélité au Roi, attachement à la Charte, respect pour les nouvelles institutions, et l'œuvre du contrat politique sera complète.

Tu adoreras le Seigneur, ton Dieu ; tu aimeras et *serviras ton* Roi ; commandements divins qu'il faut suivre pour être heureux.

Aimer la personne auguste, c'est maintenir les prérogatives qui lui appartiennent ; croire au bien que fait le Roi, c'est avoir confiance dans ses actes souverains.

La violation d'un seul principe de la royauté légitime serait funeste à l'Etat, parce qu'elle détruirait l'ordre et la hiérarchie, et laisserait des marques d'anarchie et d'insubordination.

Un peuple sage, soit que son repos et ses avantages sociaux se trouvent dans sa Charte et dans les institutions que les pouvoirs jugent convenables, et comme rien d'utile n'échappe à celui qui fait son unique étude de la prospérité générale, s'il prend des mesures pour rendre sa patrie forte et respectable, quel Français refuserait son amour et sa fidélité ?

Que tout cède à la voix de Louis XVIII ; repoussons par la douceur et la persuasion les sarcasmes, les diatribes, les injures......... Qu'une heureuse harmonie donne au Roi des consolations. Le spectacle de la monarchie héréditaire et représentative offre la puissance des pouvoirs qui exercent leur action bienfaisante.

Un royaume qui réunit la justice et la force, la religion et l'ordre, trouve son bonheur dans sa Charte et dans les ordonnances qui expriment le vœu public.

Le Roi seul sanctionne et promulgue les lois. (Article XXII de la Charte).

Qu'un gouvernement qui tend à perfectionner ses institutions, se trouve dans une position florissante; la France, semblable au nouvel Eden, reproduira toutes les merveilles de la nature. Un Roi qui ramena les esprits à l'ordre, qui offrit la douce espérance, qui fonda la politique sociale sur les trois pouvoirs; un Roi qui régla nos droits dans sa Charte, conservera les usages royaux et rappellera les partis à leurs devoirs.

Le Dieu tout-puissant a consacré l'autorité; les preuves éclatantes sont consignées dans les Écritures-Saintes; et quand des sujets turbulents affaiblissent les livres divins, ils montrent une mauvaise volonté.

Le Seigneur l'a dit: « Le règne des Rois légi- » times sera immortel; la majesté a son suprême » rang tracé dans mes décrets. Je veux qu'on

» respecte les dynasties; j'ai donné le nom de
» Justes à ceux que je formai selon mon cœur:
» que leurs lois régissent les peuples. »

D'après cette voix du Créateur, ne parlons plus
que très respectueusement de tout ce qui con-
cerne les propositions et les mesures de la couronne. Aimons un Roi, et répétons: Le Roi veut
la gloire de sa patrie; laissons ce Père gouverner
sa famille.

Quelle est la garantie qui maintient un royaume
héréditaire, paisible, riche et heureux? L'ordre;
c'est l'ordre qui enrichit un royaume, parce que
l'industrie, le commerce et les beaux-arts trouvent une parfaite assurance; c'est l'ordre qui assure la puissance du souverain contre les vents
tumultueux des factions; c'est l'ordre, en un
mot, qui dispose les cœurs à la docilité.

Le Roi ayant, selon les préceptes évangéli-
ques et les lois de l'Etat, l'exercice de la prérogative, il n'a rien à redouter du génie du mal.
Environné des pouvoirs, il est immuable comme
la Divinité. Roi constitutionnel et héréditaire, il
affermit la société. Tout augmente sa puissance
pour le bien: l'ordre civil, la raison d'Etat, la
Charte, la religion. Je rappelle souvent cette
divine religion catholique, parce qu'elle est celle
du Prince et de la majorité de la nation, parce
qu'elle parle au for intérieur, qu'elle réprime

les caprices de l'imagination , et peut seule élever les ames vers le bonheur pur.

Fidèles sujets , royalistes zélés , rassurez-vous ;
tel un fleuve majestueux porte l'abondance et les
richesses dans les pays qu'il parcoure , ainsi le
Roi continuera à faire fleurir les beaux endroits
de la Charte.

Pour qu'une loi soit parfaite , il faut qu'elle ait
reçu l'assentiment des pouvoirs ; mais aussi, lorsqu'elle a l'aveu des chambres , le souverain qui
la fait promulguer ne doit rencontrer aucun
obstacle.

Pouvoirs réunis ! élevez le monument politique , et que les grands principes sociaux assurent
l'exécution de toutes les institutions : l'Etat sera
heureux par le développement constitutionnel.

La prudence et la religion qui gouvernent un
royaume, le rendent fort et puissant. Les nations
recherchent l'alliance d'un prince qui, dans son
régime héréditaire, a trouvé le secret des cœurs.
Cet établissement de la monarchie représentative a quelque chose de sublime ; il laisse le droit
au peuple de fixer, par ses mandataires, l'impôt,
de délibérer sur les affaires générales, de statuer
sur le sort national.

Le Roi veut le bonheur de son peuple : tel est
le sentiment qu'exprime l'homme des champs.
Je l'atteste, dans le séjour champêtre on aime

Dieu et le Roi; le laboureur qui arrose la terre de ses sueurs, ouvre son cœur à l'espérance, comme le soc ouvre les fertiles sillons à l'abondance. On peut le tromper, le surprendre même; mais il revient toujours à cette idée: si c'est la volonté du Roi.

Dans les villes souvent l'oisiveté se mêle de la politique; le commerçant, l'artisan, le manufacturier, peuvent aussi, par un principe du bien général, s'en occuper: plusieurs m'ont dit, c'est bon pour deux à trois jours de s'entretenir des affaires du temps, mais après cela nous voulons travailler, et quoi qu'on en dise, tout ce que le Roi ordonnera pour le bonheur, sera fait. C'est au gouvernement à trouver dans sa politique éclairée ce qui s'accorde avec la Charte, ce qui intéresse la législation actuelle: les hommes sensés et instruits suivront avec confiance un Roi noble et généreux, qui veut des choses utiles et bienfaisantes. Il peut assurer à son royaume le repos, la gloire et l'honneur; il ne sera point contredit par ses sujets vertueux.

L'histoire peint les nations qui ont été heureuses en obéissant aux bons rois. Oui, la prérogative royale est éminente, mais c'est pour le bonheur; oui, la Majesté sacrée a de grands droits, mais c'est pour l'honneur du trône, de la Charte, de la dynastie et de la religion... Un royaume ne peut se soutenir que par l'accord public. Tu seras heureuse, ô belle patrie! le peuple doit bientôt seconder le trône légitime , le peuple chérira les nouvelles institutions , le peuple ne souffrira point que les factions insultent aux autorités.

Gouvernez, ô mon Roi! gouvernez cette riche et productive France. Croyez, oui, croyez que le Français naturellement brave, doux, pieux et reconnaissant , ne cherche qu'à vous prouver et son amour et sa tendresse. Le Dieu des justices veille du haut de son trône sur le vôtre. Roi Très-Chrétien, votre religion est celle de la majorité de vos sujets. On doit, dans l'intérêt du bonheur général, l'observer. Tous les malheurs ont été occasionnés par l'indifférence : l'État se glorifie de son institution catholique ; le citoyen qui a reçu la foi de ses pères, qui a publié solennellement le Dieu vivant, peut-il choisir un culte étranger au catholicisme ? C'est cette liberté religieuse dont l'imprudence a fait entendre le langage impie, qui ravirait le bonheur, qui rendrait infidèle au Roi même! Celui qui méconnaît son Dieu, désobéit à son Prince.

On est plus soumis aux pouvoirs civils, en restant fidèle à l'Eglise. Dieu règle le monde, il commande à la nature; un Prince héréditaire contribue aux bonnes mœurs, à l'ordre, au bien civil.

« L'Éternel a parlé; Moïse apporte les tables » de la loi : après son entretien avec Dieu, il était

» resté sur son visage des rayons de gloire, Aaron
» et tous les enfants d'Israël craignirent d'ap-
» procher. Moïse se couvrit d'un voile, et leur
» rapporta ce que le Seigneur leur avait dit : il
» ôtait ce voile pour se présenter devant Dieu, et
» le reprenait pour parler au peuple. » L'autorité fut toujours l'apanage de la magistrature
auguste. Ces faits du texte sacré font naître des
réflexions ; ils prouvent la volonté du Ciel pour
que les souverains législateurs soient regardés
comme les oints du Seigneur.

Nous admirons la sagesse suprême qui s'élève
en faveur des législateurs. Plus heureux encore
que ce peuple juif, le peuple chrétien reçoit
les rayons de la grâce, et la royauté, toujours
attachante, se fait voir dans toute sa gloire.

Sous l'obéissance d'un seul Roi, une nation
trouve tous les genres de gloire. On a appris par
l'Écriture-Sainte, comme on doit parler d'un Roi.
Les institutions puissantes sont les fruits de la
légitimité. Il est une politique chrétienne qui adoucit les mœurs, qui rattache au trône, à la dynastie et à l'État.

Le Roi nous aime ; il mérite cette réciprocité
de sentiment. *Je sens que je suis aimé de mon
peuple.* Que cet aveu peint bien un Roi de
France ! Oui, Sire, vous êtes aimé ; une nation
accoutumée par la morale divine à aimer les Rois,
obéit à vos commandements. Vous ne voulez que

le bien public ; ce principe juste qui vous guide, montre la sublimité de vos connaissances. La religion sourit ; votre royaume, avec les éléments de la gloire, de l'ordre, des libertés publiques, aura toutes les sécurités !...

Loin de vous qui pourrait vivre heureux ? Ce sont vos lois, votre constitution qui intéressent ; déployez votre puissance, vivifiez la morale, et croyez aux sentiments de vos sujets.

La sagesse est la reine des États. Dans cette monarchie héréditaire, la gloire nous promet ses aimables dons. O gloire ! idole des grands cœurs ! tu regardes avec joie cette belle patrie ; c'est par toi que le souverain triomphe ; tu es l'amie des trônes, tu paies les services par des récompenses ; viens exprimer l'enthousiasme de la patrie, viens brûler les cœurs ; que dans de doux transports on répète que la gloire et la religion font toujours le bonheur des états, qu'elles rappellent les humains à leurs devoirs et consolident les trônes et les institutions.

O gloire ! les bergers, sur leurs pipeaux champêtres célèbreront le trône et les lois civiles ; on entendra chanter les prérogatives royales par la musette fidèle qui proclamera que le bocage est heureux. Dans les cités, la harpe et la lyre annonceront le nom de Louis-le-Desiré, qui, travaillant pour le bonheur, affermit l'État !.....

L'ordre constitutionnel tire sa pureté des sources de la législation représentative ; et c'est aussi dans la croyance aux intentions du souverain que réside la félicité générale. La majesté royale fait fleurir la religion, et, par son esprit monarchique, elle maintient la tranquillité. Quoi de plus consolant qu'un prince qui exerce une heureuse influence sur l'opinion ? quoi de mieux ordonné qu'un gouvernement héréditaire, où la volonté suprême ne peut trouver d'obstacles invincibles ? qu'il est agréable d'arriver à la gloire par la fidélité ; qu'il est beau de vivre sous le premier, le plus noble, le plus solide des États. Le lien de confiance entre le Roi et son peuple, se resserre chaque jour ; la perpétuité de notre monarchie embrasse le temps. Les vérités éternelles font de grands progrès ; que les Français se réjouissent : un Roi qui ne peut plus se séparer de son peuple, voit le Ciel verser sur son royaume ses bénignes influences. J'entends déjà les hymnes joyeux ; la joie et l'espérance voltigent autour de nous. O religion ! qui garantissez notre patrie, venez poser sur la tête du Roi Très-Chrétien la couronne d'immortelles !

Des projets importants se conserveront par l'ascendant de cette royauté qui protège tous les intérêts, et qui s'unit avec les pouvoirs constitués pour la perfection de la constitution.

Le Roi est le chef suprême de l'Etat. (Art. XIV de la Charte). La nation veut la Charte. Il n'y a que la loi des élections qui ait besoin de modifications. Les hommes instruits, amis de l'ordre et de la royauté, attendent avec impatience un changement utile et nécessaire dans la situation où se trouve la France.

Aux beaux jours du printemps, dans mon parterre émaillé de mille fleurs, si j'aperçois une plante privée de la lumière, je choisis un endroit où elle recevra l'air. Ainsi, le sage législateur peut, créateur du pacte civil, transporter, toucher, ou modifier l'arbuste politique qui est privé des rayons de la couronne.

Que l'esprit royaliste exerce son influence dans la France, qu'un sentiment monarchique préside aux assemblées électorales. *L'abîme de la révolution est fermé.* On reconnaît la nécessité d'une loi sur les élections; le Souverain a toutes les attributions pour l'honneur de l'Etat, pour la patrie.

Le trône est en sûreté! Les chambres répondent pour le peuple de son attachement à la dynastie, de son respect pour le monarque légitime, de son mépris pour les factieux qui affaiblissent l'autorité sacrée.......

Le trône est en sûreté! La France, parée du manteau royal, applaudit aux principes de la couronne; elle dit : « La puissance suprême constitue la société politique; l'ordre s'attache aux institutions, et la foi publique s'exprime dans

» l'intention du monarque. Les bons et loyaux
» députés cherchent le bonheur dans le repos,
» l'espérance dans la volonté du Roi, la vérité
» dans la prérogative, mon salut dans les attri-
» butions divines. Le pouvoir constituant réside
» dans la Majesté.... Un Roi régnant par la grâce
» de Dieu, qui ordonne, qui veut, qui ne tient
» que du ciel sa grandeur, sait maintenir les lois
» et en promulguer de nouvelles. Ma félicité est
» liée à la Charte perfectionnée, à la loi des élec-
» tions, à la gloire des ordres anciens, et à celui
» de la Légion-d'honneur. »

O ma patrie! les hommes sages entendent ton langage, les cœurs tressaillent d'allégresse, un Roi qui fait aimer l'ordre constitutionnel, qui conduit son peuple par la morale et l'honneur, est l'image de Dieu!...

L'honneur! qui attache aux institutions; l'honneur, qui donne au pouvoir réparateur sa sublime inspiration; l'honneur, ce sentiment qui porte à l'amour de la dynastie; l'honneur enfin développera le principe régénérateur. Peuple Français! viens fortifier la volonté du monarque, viens recevoir les biens qui résultent d'une bonne constitution, viens apprendre du prince des Apôtres que la religion ordonne d'obéir aux Rois, et que les Souverains tiennent leur puissance de Dieu;

Que notre gouvernement tire sa force de la

religion, du droit sacré; que les lois conservent la couronne. Cette constitution que j'admire, cette constitution qui assure la tranquillité publique, l'ordre et le bonheur, cette constitution maintiendra les dispositions royales.

Triomphez, ô puissance législative! le peuple aime l'ordre légal, la justice et la gloire! Triomphez!... L'histoire de la dynastie légitime vous offre un grand avantage. Perpétuez ce sentiment d'attachement pour le Roi, la religion, la Charte, et pour les Princes de l'auguste dynastie!!

De l'Imprimerie d'Anth^e. Boucher, Successeur de L.-G. Michaud, rue des Bons-Enfants. N°. 34.

9 782011 784131